Paul Gisi
# Wesensverwandt
## in den Entfernungen
Lyrik und Prosa

Bibliographische Information der Deutschen National-
bibliothek: Die Deutsche Nationalbibliothek verzeichnet
diese Publikation in der deutschen Nationalbibliogra-
phie, detaillierte bibliographische Daten sind im Internet
über http://dnb.dnb.de  abrufbar.

© 2022 Autor: Paul Gisi, op.127
Umschlagbild Ludwig Weibel
Herstellung und Verlag:
BoD – Books on Demand, Norderstedt
**ISBN 9783755701903**

Paul Gisi

# Wesensverwandt
# in den Entfernungen

Lyrik und Prosa

# Inhalt

# Wesensverwandt in den Entfernungen

*Gedichte*

Ohne Waldkauz
auf der Schulter
will ich den Himmel
nicht betreten

------------------------------------

WESENSVERWANDT
IN DEN ENTFERNUNGEN
eilt die Posthornschnecke
über die Milchstrasse

Schiefrige Liebesworte
in der schwindelerregenden LICHTMINUTE
ALDEBARANS

In der Tiefe des Ozeans
das Juwel
LIEBE

UNAUFFINDBAR
AUSSER MIT DIR

Unbekannte Stimmen
mit Flammenzungen
  FLÜCHTIGKEITEN
  FÜR DIE DAUER

        der firme
            verdunkelte Wein
                im bauchigen Glas
        wartet auf dich
        auf dem Tisch des Grals




Awan
    KISCH
        LAGASCH
            UMMA
                URUK
                UR


*(Sumerische Städte
versunken in den Wellen der Zeit)*




Der Wind
setzt sich
die Brille auf
und sieht
leichtfüssiges Licht
tänzelnd
im Blattgeraschel

Mit dir
BI-YÄN-LU
zu pokulieren

WIR  WISSEN  BEIDE  BESCHEID
WENN  WIR  LACHEN
ÜBER  DIE  WELT


Heimgefunden
zu Mozarts
*Litaniae de venerabili*
*altaris sacramento*


Der Geigenrochen
spielt auf der Stradivari
Tschaikowskys Violinkonzert
D-dur op. 35
– was für ein Universenglück!


WESENSVERWANDT
IN  DEN  ENTFERNUNGEN

    – einerlei
    ob real oder irreal

9

Das Nichtwahrnehmbare
zieht mich geheimnisvoll an
   wahrgenommen
   in deinen Armen


JA !


IRRHEITEN
UND  WIRRHEITEN
in den Blutbahnen


Ich habe ihn nicht gekannt
den Lyriker Paul Gisi
wenn wir uns treffen wollten
kam er nicht
   oder war längst wieder
      verschwunden

einmal habe ich ihn getroffen
   doch ich erkannte ihn nicht

Die Evolution
ein Rochentraum
– prosten wir uns
vergnügt zu


Im Beischlaf mit der Welt
das innerste Potenzial
    der Geschöpfe
        mit dem Geist


Urdunkel
Die Verwandlungen


Entkleiden wir uns
bis hin zu den Farben
des Achats


Die Sonne
als Hexe
am Himmel

eine alte bucklige Frau
– SO SCHÖN !


In Mochlos
im Stundenhotel
liebten wir uns
– nun zähle ich
keine Stunden mehr
halte mich lustvoll
an Lichtjahre


Die Weisheit der Winde
ist die Ekstase
im Nabelzentrum
des Schlafs


Korkenzieherspiralig
das Wort


Wie gross sind die Kohlköpfe
die Austernpilze die Zwiebeln

im kleinen Gärtchen
in meiner Heissluftballongondel!


Mit Ramon Llull*
im Hosensack
wandere ich zu meinen Freund
dem SCHLANKEN  MEERNEUNAUGE


*(\* Ramon Llull: spanischer Philosoph und
Mystiker, 1232 bis 1316)*


Worte
wie Hornschuppen
eines Reptils


CHÂTEAUNEUF-DU-PAPE
MARRENON  VAUCLUSE
LA  ROSE  DU  PIN
MADIRAN
DOMAINE  SAINTE-ANNE
CÔTES  DE  PROVENCE

Was für ein Vergnügen
das Rendezvous
des Storchs
mit dem Auerhahn
auf dem Sofa
des Fliegenden Fischs


Das Zwergährenfischlein
fliegt unerschrocken
durchs blutende Auge
ins weit entfernte Herz
des flammenden Sternensturms


Im Lichtstrahl
der Nachttischlampe
wie ein Falter
dein nackter Körper
   irr
      orientierungslos
dem Augenblick der Lust
hingegeben


Die Nachtechse
erhielt vom Baumschliefer

einen Liebesbrief
– und das aus dem Pleistozän*!


*(\* Pleistozän: erdgeschichtlicher Zeitabschnitt
beginnend etwa vor 2,5 Millionen Jahren)*


En avant!
sagt sich die Lusitanische Napfschnecke
und eilt hitzköpfig drauflos

   im Reisekoffer
   hat sie eine Sonne
   und ein eigenes Meer


Mit dem langbeinigen Sternbild
AMOR
im Bett
   sich küssend
   mit steifem Glied
LUSTBERAUSCHT


Über den Cellokörper
huschen

gekrümmte Weltallschatten
und verlieren sich
in den Blutstropfen


BERRYBLAUER ATEM
DER ERINNERUNG
    komm zu mir
    ich schenke dir
DAS ECHO DES VERGESSENS

mit dir mache ich mich auf
in letzte Entfernungen
INS DORNWELSAUGE

*Für Marco Grimm*
*den Freund*


Unter der Haut
    dornig gezähnte Angst
    MERLOTROT VERSTUMMT


Im Schein
der Backbordlaterne
küssen wir uns
    das Sternbild *Rabe*
    spielt dazu
    ein Furioso

Lustbesegelt
bevor das Schiff sinkt


DIE BLAUGEHÖHLTE STIMME
IM WIND


Sibeliuszaubrischer Waldschrat
im Dickicht der Sterne
atemlos
verängstigt


Befreie dich
von der Befreiung
eintauchend in die Sinne


Leicht wie ein Sternenschweif
die altgriechische Tänzerin
aus Megara

SEIN
irrer Schein
in den Augen
*Circinis\**

LEBEN
in meinen Armen


*(\* Circini: Doppelstern*
*270 Lichtjahre Abstand von der Erde*
*– für meine Liebe belanglos)*



Auberginefarben
der Nachtfluss
in der Ferne
IN  DIR



GLEICHZEITIG
fliege ich
in die vier Himmelsrichtungen
   das hat die Sonne
   noch nie gesehn

Liebe
diaphane Wirklichkeit
ein verlorner Traum


Die Beeren
der Mispel
im Drosselschnabel
    funkeln


Die Milchstrasse glüht
auf der Spitze meiner Zigarre
und Grillen
gross wie Saurier
lärmen vergnügt verrückt
im Garten

WILLKOMMEN  IHR !


Der Regentropfen
verliebte sich
in einen Morphofalter
– psst stören wir sie nicht

Bewillkommne
den Wind
die Frucht
die Lust

noch geschieht das Wunder
im Seeigel
und in dir



Für die Unendlichkeit
gibt es keine Worte
nur Schweigen
TANZEND



Milchstrassen
als Gitarrensaiten
Sterne als Rumbakugeln



Nur getragen vom Wind
leuchten die Regenbogenfarben
auf der Zunge des Schweigens

Silberhelle Cembalotropfen
tanzen
   irr wirr
   ins Leben verliebt
im Yggdrasil*


*(\* Yggdrasil: in der altnordischen Mythologie*
*Weltesche, Weltenbaum,*
*den gesamten Kosmos verkörpernd)*


Auf dem Tisch
der amethystfarbene Wein

   betrunken
    versunken
   die Welt


*Hostia sancta*
von Mozart


Die Liebe
überm Epizentrum
BRENNEND
WIE EINE NOVA

Eine flutende Lichterkette
die Erkenntnis
des Einsseins
aller Geschöpfe
mit dem Geist


Wahrheiten
sind Gaukelspiele


Leerheit zu visualisieren
   TRINKE  TRINKE
   L E B E N


Der Oleanderschwärmer
ruht sich aus
auf der Wüstenrose
zwischen Neptun und Uranus
   ICH  KÜSSE  DICH


Wahrheit spiegelt sich
in der Täuschung
in trunkner Vergessenheit

Gleichheit
in der Verschiedenheit
HANDINHAND


Den Lotus pflücken
das All als Mandala betrachten
mit dem Quastenflosser philosophieren
im Orionnebel singen

# Elementarteilchen
# meines Lebens

## Porträts

# Auch in der Einsamkeit
## sind wir
## ineinandervertaumelt

------------------------------------------

## 1 Abi

Rachitisch dunkle Nacht, Abi sass am Seeufer. Ob er vergessen wollte, ob er finden wollte, wusste er nicht. Zu zusammenhanglos kam ihm alles vor. Er versuchte, nur an das zu denken, was geschehen war, was nicht geschehen war, zu unübersichtlich war alles. Einerlei alles, murmelte er, vergnügt, missvergnügt. Es gibt das Leben gar nicht, es gibt nur die verstörenden irreführenden Kleinigkeiten. Wichtig ist nur das, dem man keine Beachtung schenkt. An Schönheit zu denken, was für eine Irreführung. An Glück zu denken, wie vermessen. Und Unglück ist nur eine Verstumpfung, eine Verdummung, eine Verschattung. Alles ändert sich pausenlos. Was für eine Befreiung zu denken, dass ich, Abi, gescheitert bin in allen Beziehungen, dass nur Beziehungslosigkeiten in mir rumoren, so, als hätte das was zu bedeuten. Nichts bedeutet etwas. Nur die Sinnlosigkeiten verschaffen einem die Illusion von ein bisschen Lebenssinn, als ob es gälte, Rohrfussröhrlinge in Urlandschaften zu beschützen, ein Seemannsgarn zu spinnen, irgendwo, oder Waldhyanzinthen zu pflücken.

Die Nacht begann mezza voce zu singen.


## 2 Lucie

Ich glaubte, Lucie zu kennen. Was für ein Irrtum. Ihre Verwinkelungen durchschaute ich nicht. Ich fand die Entspiegelung, die reflexmindernde Schicht für meine Augen nicht. Was mir klar schien, war Unklarheit. Blendung. Ich liebte es, mit ihr spazieren zu gehen, ihr lange Briefe zu schreiben. Ich liebte sie halt ein bisschen, mehr nicht. Mir gefiel ihr Lachen, die Zerfahrenheit ihrer schlanken Hände. Und dass sie sich auf nichts behaften liess, war mir befreiendes Glück. Doch ich sah die Stunde kommen, wo sich alles ändern würde, zum annähernden Guten oder distanznehmendem Schlechten, ich wusste es nicht. Da ich kein Drache bin, dachte ich optimistisch. Ich liebte das Feinfühlige. Lucie sah ich feinfühlig. Was für eine Täuschung. Als ich sie unter einem Baum küssen wollte, stach sie mit einem Messer auf mich ein.

Dazu habe ich nichts mehr zu sagen.

## 3 Abdias

Abdias malte wilde Konstellationen und fässerweise Nichtinterpretierbarkeiten auf seiner Leinwand, er pinselte Impulsfrequenzen faunisch, sinnlich, lüstern, Grenzen in der Tollkühnheit gab es nicht, Farb- und Formdurchzwirbeltheiten waren ganz seine Sache, er liebte hellgelben Bernsteinharz, die Wasserläufe des Traums, sandbraune Fischerbarken, den Hochseilakt des Clowns, er hasste das Latschige, er war kein Enfant terrible, er hatte strenge Auffassungen, alles musste mnemonisch farbharmonisch oder -dissonant stimmen, er hielt sich gern an den fasrigen Nachthimmel kurz nach dem Sonnenuntergang, Abdias unterhielt sich mit der Vokalmusik der Sterne, denn er glaubte, jeder Mensch sei ein Stern und singe, doch das traf leider nicht zu, seine Bilder wurden dunkler und dunkler, bis man nichts mehr sah.

Und zu hören gab es auch nichts mehr.

## 4 Aimar

Aimar hatte ein fantastisches Weltverständnis, das Komplizierteste, das Komplexeste war ihm zu einfach. Er liess keine eindeutige Aussage gelten, es musste alles um ungezählte Ecken redupliziert werden, und das, was für andere Menschen galt, war ihm Schurrmurr, Anlass zur Belustigung. Das ging so weit, wenn jemand sagte, die Sonne scheint, antwortete er, das kommt drauf an, wo der nächste aktive Vulkan stehe, ob südlich vom Nördlichen Wendekreis gemeint sei, ob eine Sonnenfinsternis voraussehbar sei, ob es Wolken über den Komoren habe. Bei Regen einen Regenschirm zu benützen, fand Aimar zu einfach, da müsste man sackerlot besser wie Noah eine Arche bauen, das ergäbe Sinn, obwohl es mit dem Sinn auch nicht weit her ist, alles ist eine Phantasmagorie, auch die Psychologie ist nichts anderes als Sägemehl, schwirbelnd sich ändernd. Vielpolig alles. Polyrhythmisch. Multisimultan. Je tiefer Aimar ins Zentrum des Seins, das durch nichts erklärbar ist, vorstiess und kein Vorgegebenes akzeptierte, weil alles gleichzeitig viel anderes sein kann, desto weniger wurde er verstanden. Er wurde einsam und freute sich riesig darüber.

Jaja, dieser Aimar, was für ein Prachtmensch!

## 5  Baia

Baia ging nie aus dem Haus, ohne Balzac in der linken Hand zu halten, mir war das nie erklärlich. Und wenn ich sie fragte, was ihr an Balzac so gefiele, schwieg sie, lächelte, strich sich eine Haarsträhne aus dem Gesicht. Ihr Antwortloses faszinierte mich. Ich wusste, sie las viel, sie erzählte mir von Söderberg, von

Kawabata, von René Char. All diese kannte ich auch gut. Balzac gehörte zu meinen Lieblingen, doch ich konnte nicht erraten, warum ihr dieser leidenschaftliche Koloss gefiel. Ich gab es auf, sie nach ihm zu befragen. Einmal zeigte sie mir ihr Tagebuch, da fand ich den Satz: «Zeitgenössisches ödet mich an. Bei Balzac spielt das Unfassliche, das Ungeheure.» Das fand ich verrückt, und so gut. Baia hatte noch viele andere Seiten. Sie liebte das Schweigen wie ich. Eines Tages verriet mir Baia, dass sie male. Ich wollte natürlich sehen, was. Als ich ihr Malen sah, war ich entzückt: märchenhafte Grotesken, fabelhaft. Ich liebte Baia noch mehr als je zuvor.

Verdunkelungen, die ich nicht verstehe, haben uns getrennt.

# 6  Luobo

Von welchen fernen Inseln bis du gekommen, Luobo? Wir trafen uns nachts in einem Park. Ich lud dich zu mir ein. Du hast gelacht und bist gekommen. Du erzähltest mir von Fischen und Palmen. Von Hütten und Gesängen. Und wie der Wind überall einfährt. Ich erzählte dir von Opern und guten Weinen, da hast du dir eine Zigarette gedreht und mich seltsam angeschaut.

Als du gingst, fehlte mir eine Welt.

### 7 Pazzolo

Kubistisch verschachtelt ineinander, miteinander, gegeneinander tanzten die Häuser unter den Weissweinfarben des Vollmonds, Antares` Finger zupften die Gitarre, das Flüsschen rauschte, die Strässchen waren wie Lianen, fremde Geometrien warfen Schatten, ein Esel, nicht faul, schrieb einen Liebesbrief an seine auserwählte Eselin, Bekanntes wurde Unbekanntes, da traf ich dich im Schatten eines Turms, du stelltest dich vor, Pazzolo, ich mochte dich auf Anhieb, du warst mir sympathisch, doch ich wusste nicht mehr, wo ich war, diesen Ort hatte ich noch niemals gesehen, er war mir beängstigend fremd, fern. Pazzolo sagte, hab keine Angst, komm zu mir. Es wird gut.

Seither habe ich Pazzolo nie mehr vergessen.

### 8 Elisa

Warum warst du mir gegenüber derart scheu? Mir gefielen deine Sternbahnen, dein Flüsserauschen, deine Stimme, mir gefiel alles von dir. Du warst feenzart, zum Kosen niedlich. Ich mochte deine Haut, deine Körperformen, deine Zunge, deine Lippen, alles. Als wir Lust zusammen hatten, flackerte das Weltall.

## 9 Dabo

Dabo, du warst ganz nach meinem Geschmack, verachtetest, was du liebtest, liebtest, was du verachtetest, es war ein Gewoge hin und her, was sich ausschloss, kraustest du in deine Gedanken ein, es war unmöglich, dir zuzuhören, ohne die Wände hinaufzugehen, doch ich suchte das bei dir, da hast du mich gut verstanden. Deine Worte waren wie Fieberflecken, um sie zu lecken. Wir waren Gegensätze, mochten uns. Wir zwei rudelten uns zusammen, ohne zum Ende zu kommen. Denn es gab kein Ende. Wir standen miteinander zum Anfang und merkten das nicht wie zwei Schrate, verkehrtherum, in der Gleichzeitigkeit des Unmöglichen. Ha, was für eine Wollust in der Zerblätterung der Zuneigung. Aufrollung des buckligen Nichts.
    Dabo, ich liebte dich.


## 10 Lory

Ich mochte Lorys unübersichtlich langen Sätze, die irgendwo begannen, zum Beispiel von den Felsen sprechend am Vaccarès mit den traditionellen provenzalischen Volksfesten mit ihren Spielen und Tänzen abends, doch dann zweigte ihr Satz in eine Schattenlandschaft ein, verlor sich in mistralige Geriffeltheiten, sie begann von einem rockenden Quastenflosser, der ihr begegnet war, zu schwärmen, doch Lory kam mir nie somnambul vor, sondern stets hellwach, vielfarbig nuanciert, geistquirlig, intelligent. Mit weit geöffneten Augen pfeilte sie in ihrer Begeisterung für alles Wahrnehmbare und Vorstellbare auf ein Ziel, das ihr gerade begehrenswert war, zu oder umging es schnippisch. Endlich ein Mensch, von dem man nie wusste, woran man war, Lory war für mich der Inbegriff des Fantastischen, was ich so liebte; sie trug unbekümmert Eulen nach Athen, intragruppale Ansichten und Verhaltensweisen verachtete sie mit ihrem glockendoldigen Lachen.

Lory war ein Fest.


## 11 Vivette

Vivette hat den Gedichtband «Gesang der Raupen» veröffentlicht, mir wurde das zum liebsten Buch. Sie lotete Raumlosigkeiten und fiebrige Lufttemperaturen, Sommermonsune über Grenzhorizonten, das Gewispere der Mandoline aus. Zog mit dem Schnurwurm durch die Meere, fand die silbrigen Netze der Sterne. Fliegende Fische tanzten. Ihre feingeäderten Gedanken fanden Philosopheme, die sie in ihr Gegenteil purzeln liess. Ihre Wortbilder kamen weit, weit von der ägyptischen Sphinx her in einer Quadratnotenschrift, ihre Ellipsen, Zirkelbögen des Pulses waren unnachahmlich.

Endlich eine grosse Lyrikerin.

## 12  Nubi

Kommt gar nicht in Frage, sagtest du energisch, und da wusste ich, dass nun alles in Frage kommen könnte, dass ich auf alles gefasst sein müsste, auf das Unerwartete, Absonderlichste, aufwallend Heissblütigste, Nubi war niemals schnell fassbar, er war stets en carrière contre tout, er erprobte in seinen Ankündigungen Bouffonnerien im Gewande der Ernsthaftigkeit, seine inflammablen Stellungnahmen waren überstürzende Kaskaden wie auf einem Jazzpiano, in seinen Uferlosigkeiten und fantastischen Widersprüchen war Nubi der integerste, unbestechlichste Mensch, den ich je kennen lernte. Sein Lachen war sanft wie Schleiereulenflaum, kaum hörbar. Geheimnisvoll saphirblau.

Sehr selten, nachts, ist Nubi flüchtig noch zu treffen, ich verrate nicht wo.

## 13  Tuppy

Tuppy liebte es, Welt und Gott wortreich zu definieren, zu beschreiben, auseinanderzunehmen, neu zusammenzufügen, Deftiges erbaulich darzustellen, in der Zahl Null sah er das Unendliche; in all seiner Menschheitskritik war er sanft lebenbejahend, instabile Elementarteilchen wurden in seinen Weltzusammenhangerklärungen glasklare unverzichtbare Notwendigkeiten, es war ein Fest, in seine zurückwerfenden und lichtbündelnden Reflektiertheiten einzutreten, man wusste nie so genau, wohinaus Tuppy wollte, was aber unwesentlich war, das Vernetzen der Gedanken eines mittelalterlichen Schnabelschiffs mit astrophysikalischen Erklärungen des grenzenlosen Raums waren ein Ereignis, Gott ist sternenbesprenkelt, das ist bei den Babyloniern schon nachzulesen und in Träumen aufzufinden. Tuppy dozierte niemals, er entwarf noch nicht entdeckte Welten. Seine weitausholenden farbekstatischen Zugriffigkeiten waren Gesang.

Tuppys Augen strahlten so sanft, so sanft, wie ich es sonst noch niemals sah.

## 14  Isabelle

Isabelles Wesen war eine Farbpalette. Ihr trillerleichter Gang betörte mich. Ihr Körper tanzte wie ein Glimmerkäfer durch die Nacht, ihre Augen glitzerten wie zwei Regentropfen, ihre Haare glühten wie ein Leuchtfeuer, ihre Hände zwitscherten wie zwei Rotkelchen. Als sie mich besuchte, wussten wir nichts zu sagen, ihr Schweigen war ein Gesang, ausgespannt zwischen Capella und Aldebaran.

Isabelle werde ich nie vergessen.

## 15 Tumi

Dein Lachen kam vom Sternbild Walfisch, von
fernen Felsterrassen, aus dem Schallkörper von
Dämonen, war wie Sommersporen auf den
Getreidehalmen, Schellentamburininkarnation,
Vergleichbares habe ich noch nie gehört. Ein
fabulierendes Legendenspiel. Derweilen warst
du ernst wie eine Gewitterwolke. Ich liebte
deine lehmfarbene kehlige Stimme, deine
myrtenwohlriechenden Lippen. Und was für
ein Gefunkel in deinen unauslotbaren Augen.
Dein Leib der Etang von Aureilhan in den
Hautes-Pyrénées. Zwischen uns flutete
Schweigen hin und her.

Als du, Tumi, im Sterben lagst, liess ich dies
nicht zu und küsste dich ins Leben zurück, um
mit dir zu leben, zu leben, zu leben.


## 16 Chantal

Du roter Flamingo, Eidechsenfischlein,
Horologii im Traumnebel, Wiesenflocken-
blume am Wegrain der Verlorenheit, deine
morphofalterblauen sinnbildhaften Briefe zu
lesen nehmen es mit Louize Labés Liebes-
gedichten auf, du lieblich duftende Rose,
blausilbriger Fliegender Fisch im Meer der
Nacht wie glückselig flinkfüssiges gefiedertes
Clavicembaloflimmern, dein Atem ein him-

37

melsgewölbter Mandolinengesang, vielstimmig als ob Jahrtausende tanzten.

Im Steinhaus im Causse Méjean liebten wir uns.

## 17 Lolotte

Was für ein fantastischer Realismus, den du malst, Lolotte, ein weitausholender grenzenloser Realismus, perspektivisch aus der Vielzahl deines Lebens kommend, mich fasziniert es, dass du dich durch nichts behaften lässt, deine Farben schnieben, deine Formen sind Ligusterrispen mit schwarzen Beeren, offne Sternhaufen ruckeln zuckeln zockeln im Abstand von vielen Lichtjahren in den Zypressenwolfsmilchdolden, du verfremdest das Nächste, liebkost das Ferne farbenflammend, greifst mit deinen schlanken Malerfingern den Panflötenbambus und singst das Lied der Liebe im Flusstal der Lust, mit dem Malerkasten wanderst du wie eine Singdrossel von Cygni zu Volantis, nichts ist dir zu weit genug, dein Lachen ist wie erhellende Blitze in der Nacht, mit dir finde ich zu dir, zu mir.

## 18  Obeiro

Obeiro, du mit deinen Kostümen, mit
Schlitzwams und Pluderhosen, Schnabel-
schuhen und thessalischem Hut, der Signal-
trommel auf dem Rücken, deine Auftritte
waren furios, ein Ereignis, doch am liebsten
warst du mir nackt.


## 19  Lia

Lia war wie ein Notenschlüssel des Lächelns,
harfenzart, schweifsternsilbrig, ein Seidelbast-
strauch mit rosenroten Blüten, eine Chor-
fantasie im Frühlingshimmel. Manchmal
packte Lia der Schalk, und sie sagte Nein, wenn
sie Ja meinte, liess Sterne zu Erbsen
schrumpfen, hielt die Sumpfdotterblume für
eine Sonne. Ihre faszinierenden Grenz-
verschiebungen, ihr Singvogelgeschwirbel,
ihre wie aus dem Nichts gezauberten Frutti di
mare, wenn ich sie nachts in ihrer kleinen
Dachwohnung besuchte, waren ein Fest, wir
tranken Weisswein und lachten und sangen und
tanzten, Liebe flammte auf, züngelte hin und
her, seltsame Wunder begannen zu kreisen, das
Weltall winkte uns durchs Fenster zu, in deinen
Augen führten Fliegende Fische ein Ballett auf,
in deinen verwucherten Armen wurde ich eine
vergessene Tempelstadt, das war so schön.
In der Ferne sang ein Vogel, immerzu.

## 20 Efix

Zweifelsfreie Eindeutigkeiten sind mir ein Verdruss, ein Graus, eine fantasielose Verknöcherung. Da lernte ich dich, Efix, beim Château de Val am Stausee der Dordogne bei Bort-les-Orgues kennen und mein Leben veränderte sich. Ich setzte mich zu dir und fragte banal, wie geht es dir. Du schautest mich an wie von sehr weit. Schwiegst lange. Dann nahmst du meine Hand und sagtest: d a s. Ich verstand dich auf Anhieb und sagte: Ja. Die Sonne versank am Horizont.
Ich fand mich in Efix, Efix fand sich in mir.


## 21 Palu

Ich traf Palu zusammengesunken in einem Hinterhof. Lebte er noch? Ich setzte mich zu ihm, legte meinen Arm um ihn, da hörte ich ihn sagen, was willst du, was willst du? Ich sagte, ach du, ich will nichts von dir, bin zurzeit einfach bei dir. Ich kenne dich nicht, doch ich mag dich. Du kannst mit mir reden, darfst aber auch schweigen. Da nickte er. Ich nahm seine Hand und sagte, nun bin ich einfach bei dir. Ich spürte seine Tränen auf der Hand, sagte, hab keine Angst, wenn du magst, kannst du zu mir kommen. Er nickte wiederum. Er blieb die ganze Nacht bei mir, ich deckte ihn zu. Er atmete befreit auf.

Am Morgen, als er mich verliess, sagte er, du, komm bald zu mir, hier ist die Adresse, ich liebe dich.

Wir liebten uns lange, lange.

## 22 Sid

Ich erhielt einen Brief von einem mir unbekannten Sid, der mich kennen lernen wollte. Ich sagte unwirsch zu, nannte Tag und Zeit. Zu gegebener Zeit läutete es an meiner Tür, als ich öffnete, erschrak ich, da ich den schönsten Menschen, den ich je sah, vor meiner Tür fand. Schlank, wunderbar strahlend. Ich hörte ihn sagen, ich bin Sid. Mir verschlug es den Atem, sagte, komm herein. Als die Tür zuschlug, umarmte er mich. Ich umarmte ihn spontan auch.

Es vergingen nur wenige Minuten. Da waren wir beide nackt.

## 23 Ninette

Ich wusste es nie so ganz, ob ich Ninette liebte. Sie war kapriziös, verspielt, manchmal etwas ablehnend mir gegenüber. Und dann wieder wollte sie mich ausziehen. Es war interessant, ihren Willen zu meinem Willen zu machen, das

41

steigerte die gegenseitige Lust. Doch das führte letztlich zu nichts ausser zu ein paar stürmischen Augenblicken.

C`est tout.

**Paul Gisi**, 1949 in Basel geboren, Schulen in Basel, Primarlehrerpatent in Zug, einige Jahre Schulpraxis, Aufenthalte in Südfrankreich, viele Jahre lang Korrektor in der Ostschweiz, 127 Publikationen, hauptsächlich Lyrik, aber auch Kurzprosa, Sätze und Briefe, erhielt wenige Preise, lebt zurückgezogen in Rorschach am Bodensee.

www.zackenbarsch.ch
zackenbarsch.gisi@gmail.com